Love

GELD ALLEIN MACHT NICHT GLÜCKLICH,
ABER IHR SEID JA ZU ZWEIT

Alles Gute zur Hochzeit

DIESES BUCH ist von

....

FÜR

.... & ....

DAS sind

&

HIER FOTO DES
BRAUTPAARES EINKLEBEN

&

heiraten!

UND WEIL IHR SO .... SEID,

HABEN WIR UNS *lange überlegt*,

WAS WIR EUCH *schenken* KÖNNTEN.

ZUERST DACHTEN WIR AN ein Pony.

SCHLIEẞLICH mag jeder Ponys.

ALLERDINGS WOLLTE DAS PONY

nicht so recht mitkommen.

DANN DACHTEN WIR AN EIN

TOLLES *Picknick am See.*

1 CENT
1 CENT
1 CENT
1 CENT
1 CENT
1 CENT
1 CENT
1 CENT
1 CENT

ABER ES BEGANN *zu regnen.*

DIE NÄCHSTE IDEE WAREN Handtücher!

SCHLIEẞLICH SIND SIE

flauschig UND praktisch.

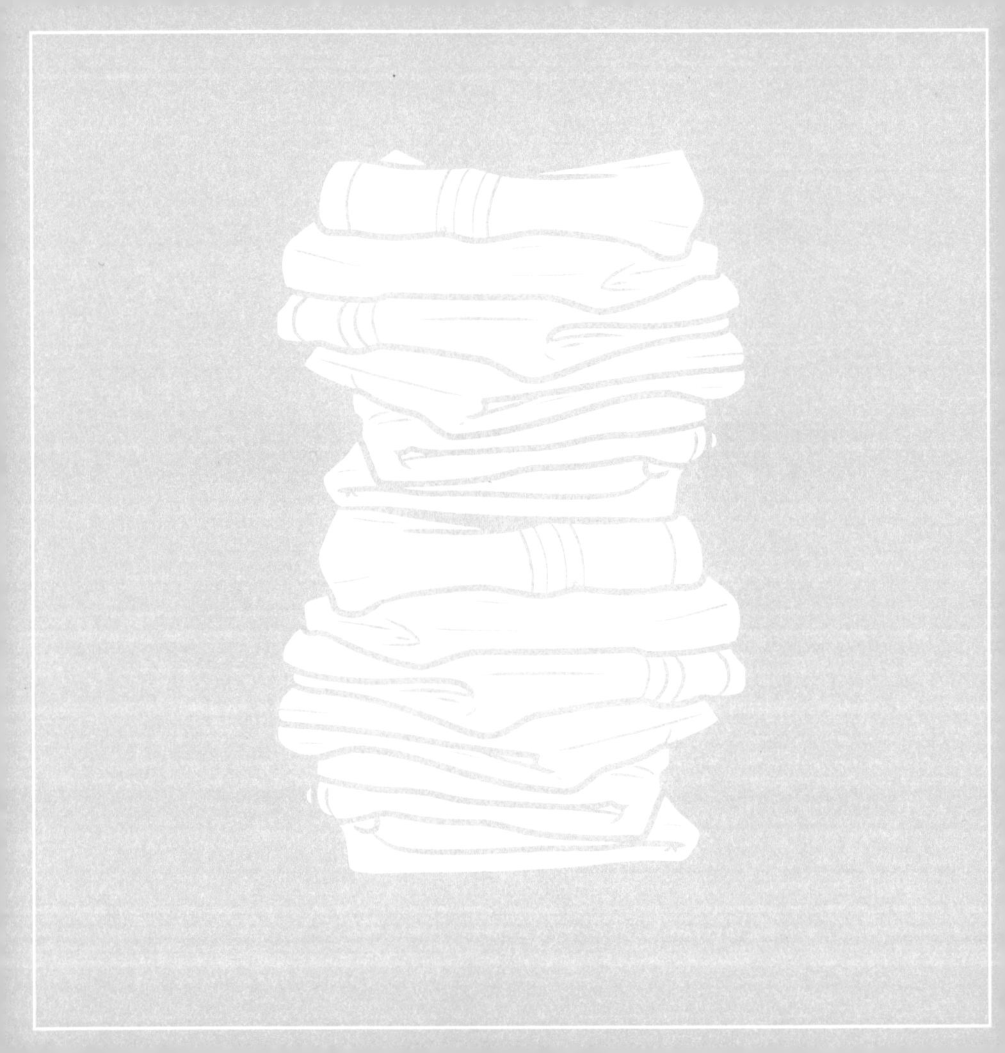

DOCH JEMAND MACHTE *uns klar,*

DASS IHR SCHON *welche besitzt.*

ALSO HABEN WIR *überlegt*, WAS IHR
noch nicht habt – UND DA FIEL ES UNS
WIE SCHUPPEN VON DEN AUGEN:
EINE *fünfjährige Weltreise* IST DOCH
EIN WIRKLICH *großartiges Geschenk!*

LEIDER *fiel uns ein,*
DASS IHR DAFÜR WAHRSCHEINLICH
gar keine Zeit HABT.

WIR MACHTEN UNS ALSO *auf den Weg*
zum Blumenladen UND
BESORGTEN EUCH EINE WIRKLICH
großartige Zimmerpflanze
MIT TOLLEN *grünen Blättern*,
DIE EUER GEMEINSAMES ZUHAUSE IN

....

verschönern SOLLTE.

OFFENBAR *fehlte uns* ABER

DER *grüne Daumen.*

ALS NÄCHSTES BESCHLOSSEN WIR,
EUCH EIN **Bild zu malen.**
SCHLIEßLICH IST NICHTS *so persönlich*
WIE *etwas Selbstgemachtes.*

Das Ergebnis LIEß JEDOCH ETWAS zu wünschen übrig.

DAS ERGEBNIS

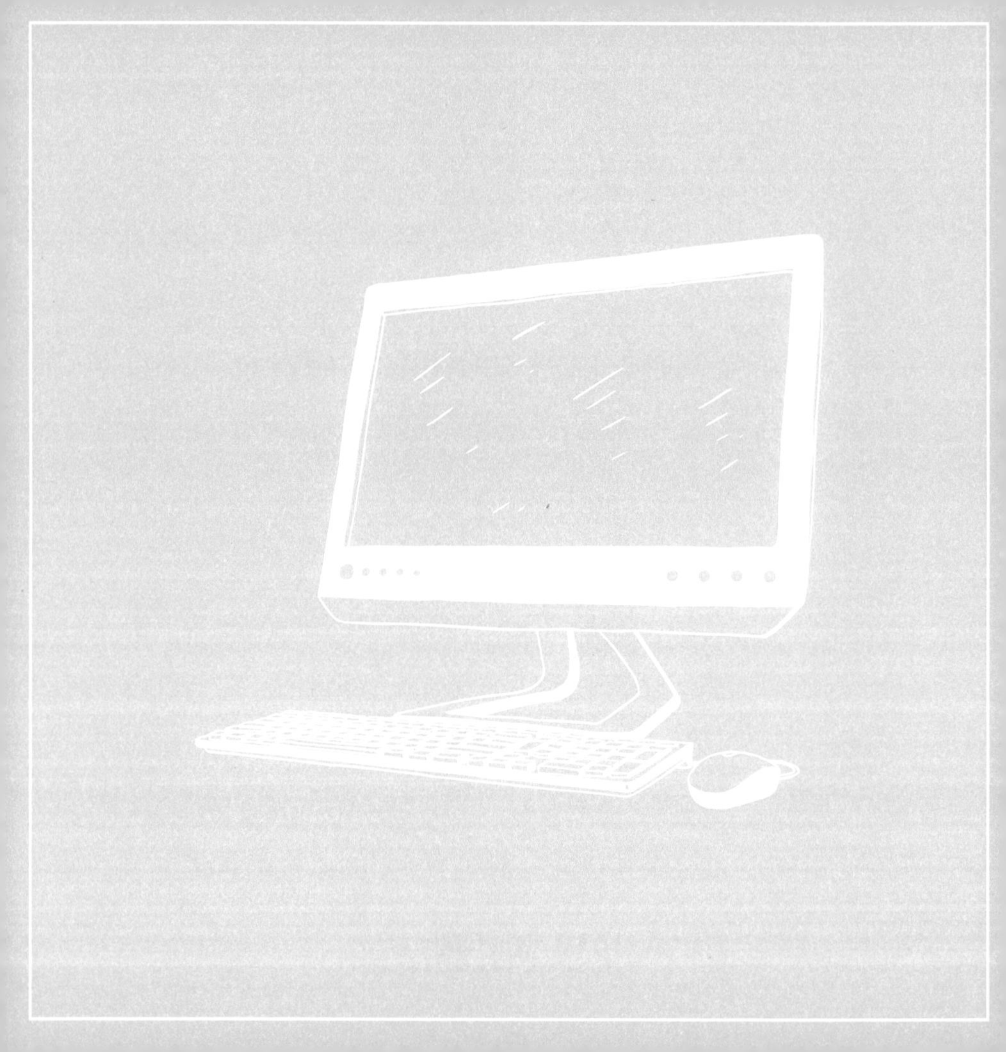

UNS KAM EINE *großartige Idee:*
Wir suchten EINFACH MITHILFE
DES INTERNETS NACH *einem Geschenk.*
Darauf HÄTTEN WIR AUCH
früher kommen KÖNNEN!

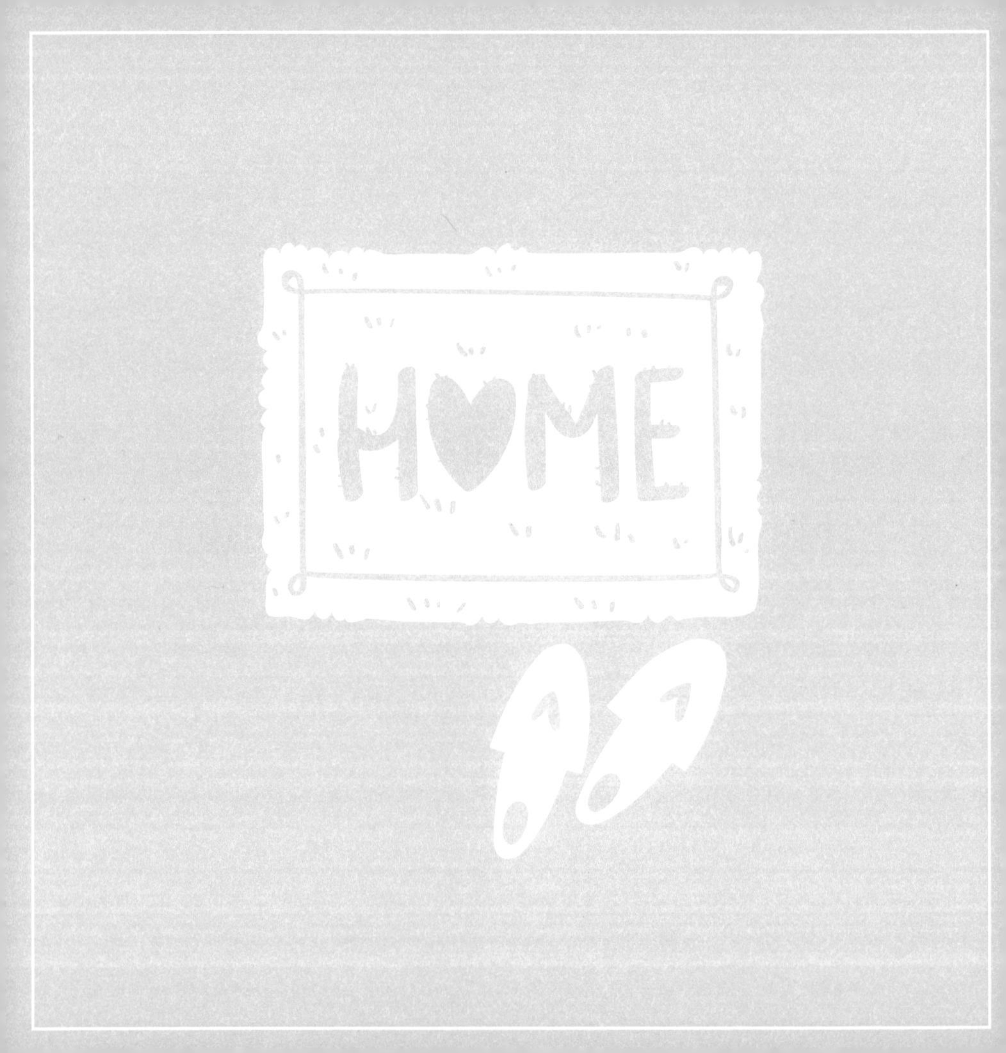

HOME

DAS ERGEBNIS WAR *eine Fußmatte.*

Aus Gummi.

NUN JA … WIR WAREN

nicht SO GANZ *überzeugt.*

NUN HATTEN WIR UNS SO VIEL Mühe gegeben -
UND standen DOCH mit leeren Händen DA.
EUER großer Tag rückte näher UND NÄHER.

Wir waren SO LANGSAM WIRKLICH ETWAS **verzweifelt**, MÜSST IHR WISSEN.

Doch dann …

… HABEN WIR DOCH DAS *perfekte Geschenk gefunden.* ES IST NICHT NUR EIN GESCHENK, SONDERN ES KANN SICH IN GANZ VIELE GESCHENKE VERWANDELN. *Es kann Träume und Wünsche erfüllen.* MAN KANN ES AUFHEBEN ODER WEITERVERSCHENKEN. ES IST EIN MAGISCHES GESCHENK –

das beste Geschenk VON ALLEN.

QUADRAT AUSSCHNEIDEN UND GELDSCHEIN AUF DIESE SEITE ÜBER DIE LÜCKE KLEBEN

Alles Gute ZU EURER HOCHZEIT,

.... & ....

Bibliografische Information der Deutschen Nationalbibliothek
Die Deutsche Nationalbibliothek verzeichnet diese Publikation in der Deutschen Nationalbibliografie. Detaillierte bibliografische Daten sind im Internet über http://dnb.d-nb.de abrufbar.

Für Fragen und Anregungen
info@rivaverlag.de

Wichtiger Hinweis
Ausschließlich zum Zweck der besseren Lesbarkeit wurde auf eine genderspezifische Schreibweise sowie eine Mehrfachbezeichnung verzichtet. Alle personenbezogenen Bezeichnungen sind somit geschlechtsneutral zu verstehen.

Originalausgabe
1. Auflage 2021

Türkenstraße 89 | 80799 München
Tel.: 089 651285-0 | Fax: 089 652096

Umschlaggestaltung, Layout & Satz: Isabella Dorsch
Umschlagabbildung: shutterstock.com/Nataleana,
Abbildungen im Innenteil: shutterstock.com/Chipolla, DamaPica, Follow Art, Franzi, gigi rosa, GoodStudio, hchjjl, JocularityArt, magiclanternpictures, Nataleana, Oxima, Ri team, Samuyasa, Talirina, VectorShow
Druck: Livonia Print, Riga
Printed in Latvia

ISBN Print 978-3-7423-1739-1

Weitere Informationen zum Verlag finden Sie unter

www.rivaverlag.de

Beachten Sie auch unsere weiteren Verlage unter www.m-vg.de